TRANZLATY
El idioma es para todos
言語はすべての人のためのもの

La Bella y la Bestia

美女と野獣

Gabrielle-Suzanne Barbot de Villeneuve

Español / 日本語

Copyright © 2025 Tranzlaty
All rights reserved
Published by Tranzlaty
ISBN: 978-1-80572-083-6
Original text by Gabrielle-Suzanne Barbot de Villeneuve
La Belle et la Bête
First published in French in 1740
Taken from The Blue Fairy Book (Andrew Lang)
Illustration by Walter Crane
www.tranzlaty.com

Había una vez un rico comerciante
昔、裕福な商人がいました
Este rico comerciante tuvo seis hijos.
この裕福な商人には6人の子供がいた
Tenía tres hijos y tres hijas.
彼には3人の息子と3人の娘がいた
No escatimó en gastos para su educación
彼は子供たちの教育に惜しみない費用をかけた
Porque era un hombre sensato
彼は賢明な人だったから
pero dio a sus hijos muchos siervos
しかし彼は子供たちに多くの召使いを与えた
Sus hijas eran extremadamente bonitas
彼の娘たちはとても可愛かった
Y su hija menor era especialmente bonita.
そして彼の末娘は特に可愛かった
Desde niña ya admiraban su belleza
子供の頃から彼女の美しさは賞賛されていた
y la gente la llamaba por su belleza
人々は彼女の美しさから彼女を呼んだ
Su belleza no se desvaneció a medida que envejecía.
彼女の美しさは年を重ねても衰えなかった
Así que la gente seguía llamándola por su belleza.
人々は彼女の美しさから彼女を呼び続けた
Esto puso muy celosas a sus hermanas.
これには姉妹たちも嫉妬した
Las dos hijas mayores tenían mucho orgullo.
二人の長女は大きな誇りを持っていた
Su riqueza era la fuente de su orgullo.
彼らの富は彼らの誇りの源であった
y tampoco ocultaron su orgullo
そして彼らはプライドも隠さなかった
No visitaron a las hijas de otros comerciantes.
彼らは他の商人の娘を訪ねることはなかった
Porque sólo se encuentran con la aristocracia.

彼らは貴族としか会わないから
Salían todos los días a fiestas.
彼らは毎日パーティーに出かけた
bailes, obras de teatro, conciertos, etc.
舞踏会、演劇、コンサートなど
y se rieron de su hermana menor
そして彼らは末の妹を笑った
Porque pasaba la mayor parte del tiempo leyendo
彼女はほとんどの時間を読書に費やしていたので
Era bien sabido que eran ricos
彼らが裕福であることはよく知られていた
Así que varios comerciantes eminentes pidieron su mano.
そこで何人かの著名な商人が彼らに協力を求めた
pero dijeron que no se iban a casar
しかし彼らは結婚するつもりはないと言った
Pero estaban dispuestos a hacer algunas excepciones.
しかし、彼らはいくつかの例外を認める用意があった
"Quizás podría casarme con un duque"
「公爵と結婚できるかもしれない」
"Supongo que podría casarme con un conde"
「伯爵と結婚できるかもしれない」
Bella agradeció muy civilizadamente a quienes le propusieron matrimonio.
美女はプロポーズしてくれた人たちにとても丁寧に感謝した
Ella les dijo que todavía era demasiado joven para casarse.
彼女は結婚するにはまだ若すぎると言った
Ella quería quedarse unos años más con su padre.
彼女は父親とあと数年一緒にいたかった
De repente el comerciante perdió su fortuna.
突然、商人は財産を失った
Lo perdió todo excepto una pequeña casa de campo.
彼は小さな田舎の家以外すべてを失った
Y con lágrimas en los ojos les dijo a sus hijos:
そして彼は目に涙を浮かべながら子供たちにこう言いま

した。
"Tenemos que ir al campo"
「田舎に行かなくてはならない」
"y debemos trabajar para vivir"
「そして私たちは生活のために働かなければなりません」
Las dos hijas mayores no querían abandonar el pueblo.
二人の長女は町を離れたくなかった
Tenían varios amantes en la ciudad.
彼らには市内に数人の愛人がいた
y estaban seguros de que uno de sus amantes se casaría con ellos
そして彼らは恋人の一人が結婚してくれると確信していた
Pensaban que sus amantes se casarían con ellos incluso sin fortuna.
彼らは財産がなくても恋人が結婚してくれると信じていた
Pero las buenas damas estaban equivocadas.
しかし、その善良な女性たちは間違っていた
Sus amantes los abandonaron muy rápidamente
彼らの恋人たちはすぐに彼らを捨てた
porque ya no tenían fortuna
彼らにはもう財産がなかったから
Esto demostró que en realidad no eran muy queridos.
これは彼らが実際にはあまり好かれていなかったことを示している
Todos dijeron que no merecían compasión.
誰もが同情されるに値しないと言った
"Nos alegra ver su orgullo humillado"
「彼らのプライドが謙虚になったことを嬉しく思います」
"Que se sientan orgullosos de ordeñar vacas"
「牛の乳搾りを誇りに思ってもらいましょう」
Pero estaban preocupados por Bella.

しかし彼らは美を気にしていた
Ella era una criatura tan dulce
彼女は本当に優しい人でした
Ella hablaba tan amablemente a la gente pobre.
彼女は貧しい人々にとても優しく話しかけた
Y ella era de una naturaleza tan inocente.
彼女はとても純粋な性格だった
Varios caballeros se habrían casado con ella.
何人かの紳士が彼女と結婚しただろう
Se habrían casado con ella aunque fuera pobre
彼女は貧しかったが、彼らは彼女と結婚しただろう
pero ella les dijo que no podía casarlos
しかし彼女は結婚できないと言った
porque ella no dejaría a su padre
彼女は父親から離れようとしなかったから
Ella estaba decidida a ir con él al campo.
彼女は彼と一緒に田舎へ行くことを決心した
para que ella pudiera consolarlo y ayudarlo
彼女は彼を慰め助けるために
La pobre belleza estaba muy triste al principio.
最初はとても悲しかった
Ella estaba afligida por la pérdida de su fortuna.
彼女は財産を失ったことを悲しんだ
"Pero llorar no cambiará mi suerte"
「でも泣いても運命は変わらない」
"Debo intentar ser feliz sin riquezas"
「富がなくても幸せになれるように努力しなければならない」
Llegaron a su casa de campo
彼らは田舎の家に来た
y el comerciante y sus tres hijos se dedicaron a la agricultura
商人とその3人の息子は農業に専念した
Bella se levantó a las cuatro de la mañana.
朝の4時に美が目覚めた
y se apresuró a limpiar la casa

そして彼女は急いで家を掃除した
y se aseguró de que la cena estuviera lista
そして彼女は夕食の準備ができていることを確認した
Al principio encontró su nueva vida muy difícil.
初めは彼女は新しい生活がとても困難だと感じた
porque no estaba acostumbrada a ese tipo de trabajo
彼女はそのような仕事に慣れていなかったので
Pero en menos de dos meses se hizo más fuerte.
しかし、2ヶ月も経たないうちに彼女は強くなった
Y ella estaba más sana que nunca.
そして彼女は以前よりも健康になった
Después de haber hecho su trabajo, leyó
彼女は仕事を終えた後、本を読んだ
Ella tocaba el clavicémbalo
彼女はハープシコードを演奏した
o cantaba mientras hilaba seda
あるいは絹を紡ぎながら歌った
Por el contrario, sus dos hermanas no sabían cómo pasar el tiempo.
それどころか、彼女の二人の姉妹は時間をどう過ごすべきかを知らなかった。
Se levantaron a las diez y no hicieron nada más que holgazanear todo el día.
彼らは10時に起きて一日中何もせずに怠けていた
Lamentaron la pérdida de sus hermosas ropas.
彼らは上等な衣服を失ったことを嘆いた
y se quejaron de perder a sus conocidos
そして彼らは知り合いを失ったことに不満を漏らした
"Mirad a nuestra hermana menor", se dijeron.
「私たちの末っ子の妹を見て」と彼らは互いに言った
"¡Qué criatura tan pobre y estúpida es!"
「彼女はなんて哀れで愚かな生き物なのだろう」
"Es mezquino contentarse con tan poco"
「ほんの少しのもので満足するのは意地悪だ」
El amable comerciante tenía una opinión muy diferente.

親切な商人は全く違う意見を持っていた
Él sabía muy bien que Bella eclipsaba a sus hermanas.
彼は彼女の美しさが姉妹たちを凌駕していることをよく知っていた
Ella los eclipsó tanto en carácter como en mente.
彼女は性格的にも精神的にも彼らを凌駕していた
Él admiraba su humildad y su arduo trabajo.
彼は彼女の謙虚さと勤勉さを賞賛した
Pero sobre todo admiraba su paciencia.
しかし何よりも彼は彼女の忍耐力に感心した
Sus hermanas le dejaron todo el trabajo por hacer.
彼女の姉妹は彼女に全ての仕事を任せた
y la insultaban a cada momento
そして彼らは彼女を常に侮辱した
La familia había vivido así durante aproximadamente un año.
家族は1年ほどこのように暮らしていた
Entonces el comerciante recibió una carta de un contable.
すると商人は会計士から手紙を受け取った
Tenía una inversión en un barco.
彼は船に投資していた
y el barco había llegado sano y salvo
そして船は無事に到着した
Esta noticia hizo que las dos hijas mayores se volvieran locas.
は二人の長女を驚かせた
Inmediatamente tuvieron esperanzas de regresar a la ciudad.
彼らはすぐに町に戻ることを希望した
Porque estaban bastante cansados de la vida en el campo.
彼らは田舎暮らしにかなり飽きていたので
Fueron a ver a su padre cuando él se iba.
彼らは父親が去ろうとしているところへ行った
Le rogaron que les comprara ropa nueva
彼らは彼に新しい服を買ってくれるように頼んだ
Vestidos, cintas y todo tipo de cositas.

ドレス、リボン、その他いろいろな小物
Pero Bella no pedía nada.
しかし美しさは何も求めなかった
Porque pensó que el dinero no sería suficiente.
お金が足りないと思ったから
No habría suficiente para comprar todo lo que sus hermanas querían.
姉妹が欲しがるもの全てを買うには十分ではないだろう
- ¿Qué te gustaría, Bella? -preguntó su padre.
「お嬢さん、何がほしい？」と父親は尋ねた。
"Gracias, padre, por la bondad de pensar en mí", dijo.
「お父さん、私のことを思ってくれてありがとう」と彼女は言った
"Padre, ten la amabilidad de traerme una rosa"
「お父さん、どうか私にバラを持ってきてください」
"Porque aquí en el jardín no crecen rosas"
「ここの庭にはバラが育たないから」
"y las rosas son una especie de rareza"
「そしてバラは一種の希少品です」
A Bella realmente no le importaban las rosas
美人はバラをあまり気にしていなかった
Ella solo pidió algo para no condenar a sus hermanas.
彼女はただ姉妹を非難しないよう求めただけだった
Pero sus hermanas pensaron que ella pidió rosas por otros motivos.
しかし、彼女の姉妹は彼女がバラを求めた理由は他にもあると考えていた
"Lo hizo sólo para parecer especial"
「彼女は特別に見えるためにそれをしただけ」
El hombre amable continuó su viaje.
親切な男は旅に出た
pero cuando llego discutieron sobre la mercancia
しかし彼が到着すると彼らは商品について議論した
Y después de muchos problemas volvió tan pobre como antes.

そして多くの苦労の末、彼は以前と同じように貧乏になって帰ってきた

Estaba a un par de horas de su propia casa.
彼は自分の家から数時間以内のところにいた

y ya imaginaba la alegría de ver a sus hijos
そして彼はすでに子供たちに会える喜びを想像していた

pero al pasar por el bosque se perdió
しかし森を抜ける途中で道に迷ってしまった

Llovió y nevó terriblemente
ひどい雨と雪が降った

El viento era tan fuerte que lo arrojó del caballo.
風が強すぎて彼は馬から投げ出された

Y la noche se acercaba rápidamente
そして夜が急速に近づいてきた

Empezó a pensar que podría morir de hambre.
彼は飢え死にするかもしれないと考え始めた

y pensó que podría morir congelado
そして彼は凍死するかもしれないと思った

y pensó que los lobos podrían comérselo
そして彼はオオカミに食べられてしまうかもしれないと思った

Los lobos que oía aullar a su alrededor
周囲で狼の遠吠えが聞こえた

Pero de repente vio una luz.
しかし突然、彼は光を見た

Vio la luz a lo lejos entre los árboles.
彼は木々の間から遠くの光を見た

Cuando se acercó vio que la luz era un palacio.
近づくと、その光は宮殿であることが分かった

El palacio estaba iluminado de arriba a abajo.
宮殿は上から下まで照らされていた

El comerciante agradeció a Dios por su suerte.
商人は幸運を神に感謝した

y se apresuró a ir al palacio
そして彼は宮殿へ急いだ

Pero se sorprendió al no ver gente en el palacio.
しかし、宮殿に人がいないことに驚いた。
El patio estaba completamente vacío.
中庭は完全に空っぽだった
y no había señales de vida en ninguna parte
どこにも生命の兆候はなかった
Su caballo lo siguió hasta el palacio.
彼の馬は彼を追って宮殿に入った
y luego su caballo encontró un gran establo
そして彼の馬は大きな馬小屋を見つけた
El pobre animal estaba casi muerto de hambre.
かわいそうな動物はほとんど飢えていました
Entonces su caballo fue a buscar heno y avena.
そこで彼の馬は干し草とオート麦を探しに行きました
Afortunadamente encontró mucho para comer.
幸運にも彼は食べるものをたくさん見つけた
y el mercader ató su caballo al pesebre
そして商人は馬を飼い葉桶に繋ぎました
Caminando hacia la casa no vio a nadie.
家に向かって歩いていると誰もいなかった
Pero en un gran salón encontró un buen fuego.
しかし、大きなホールで彼は良い火を見つけた
y encontró una mesa puesta para uno
そして彼は一人用のテーブルを見つけた
Estaba mojado por la lluvia y la nieve.
彼は雨と雪で濡れていた
Entonces se acercó al fuego para secarse.
そこで彼は体を乾かすために火のそばへ行った
"Espero que el dueño de la casa me disculpe"
「家の主人が私を許してくれることを願っています」
"Supongo que no tardará mucho en aparecer alguien"
「誰かが現れるまで、そう時間はかからないだろう」
Esperó un tiempo considerable
彼はかなり長い間待った
Esperó hasta que dieron las once y todavía no venía nadie.

彼は11時を待ったが、誰も来なかった
Al final tenía tanta hambre que no podía esperar más.
ついに彼はあまりにも空腹になり、もう待てなくなった。
Tomó un poco de pollo y se lo comió en dos bocados.
彼は鶏肉を少し取って二口で食べた
Estaba temblando mientras comía la comida.
彼は食べ物を食べながら震えていた
Después de esto bebió unas copas de vino.
その後彼はワインを数杯飲んだ
Cada vez más valiente, salió del salón.
彼は勇気を出してホールから出て行った
y atravesó varios grandes salones
そして彼はいくつかの大きなホールを通り抜けた
Caminó por el palacio hasta llegar a una cámara.
彼は宮殿を歩き、ある部屋に入った。
Una habitación que tenía una cama muy buena.
非常に良いベッドのある部屋
Estaba muy fatigado por su terrible experiencia.
彼は苦難のせいでとても疲れていた
Y ya era pasada la medianoche
そして時刻はすでに真夜中を過ぎていた
Entonces decidió que era mejor cerrar la puerta.
そこで彼はドアを閉めるのが一番良いと判断した
y concluyó que debía irse a la cama
そして彼は寝るべきだと結論した
Eran las diez de la mañana cuando el comerciante se despertó.
商人が目を覚ましたのは午前10時だった
Justo cuando iba a levantarse vio algo
立ち上がろうとした瞬間、彼は何かを見た
Se sorprendió al ver un conjunto de ropa limpia.
彼はきれいな服を見て驚いた
En el lugar donde había dejado su ropa sucia.
彼が汚れた服を置いた場所に

"Seguramente este palacio pertenece a algún tipo de hada"
「確かにこの宮殿はある種の妖精の所有物だ」
" Un hada que me ha visto y se ha compadecido de mí"
「私を見て哀れんだ妖精」
Miró por una ventana
彼は窓から外を見た
Pero en lugar de nieve vio el jardín más delicioso.
しかし雪の代わりに彼はとても美しい庭園を見た
Y en el jardín estaban las rosas más hermosas.
庭には美しいバラが咲いていました
Luego regresó al gran salón.
彼はその後大広間に戻った
El salón donde había tomado sopa la noche anterior.
彼が前夜スープを食べたホール
y encontró un poco de chocolate en una mesita
そして小さなテーブルの上にチョコレートを見つけた
"Gracias, buena señora hada", dijo en voz alta.
「ありがとう、優しい妖精さん」と彼は声を出して言った。
"Gracias por ser tan cariñoso"
「とても気遣ってくれてありがとう」
"Le estoy sumamente agradecido por todos sus favores"
「あなたのご厚意に心から感謝いたします」
El hombre amable bebió su chocolate.
親切な男はチョコレートを飲んだ
y luego fue a buscar su caballo
そして彼は馬を探しに行きました
Pero en el jardín recordó la petición de Bella.
しかし庭で彼は美女の願いを思い出した
y cortó una rama de rosas
そして彼はバラの枝を切り落とした
Inmediatamente oyó un gran ruido
すぐに大きな音が聞こえた
y vio una bestia terriblemente espantosa
そして彼は恐ろしく恐ろしい獣を見た

Estaba tan asustado que estaba a punto de desmayarse.
彼はとても怖かったので気を失いそうだった
-Eres muy desagradecido -le dijo la bestia.
「あなたは本当に恩知らずだ」と獣は彼に言った。
Y la bestia habló con voz terrible
そして獣は恐ろしい声で言った
"Te he salvado la vida al permitirte entrar en mi castillo"
「私はあなたを城に入れることであなたの命を救った」
"¿Y a cambio me robas mis rosas?"
「そしてそのお返しに私のバラを盗んだの？」
"Las rosas que valoro más que nada"
「私が何よりも大切にしているバラ」
"Pero morirás por lo que has hecho"
「しかし、あなたがしたことに対してあなたは死ぬことになるでしょう」
"Sólo te doy un cuarto de hora para que te prepares"
「準備に15分しか与えない」
"Prepárate para la muerte y di tus oraciones"
「死に備えて祈りを捧げなさい」
El comerciante cayó de rodillas
商人はひざまずいた
y alzó ambas manos
そして彼は両手を挙げた
"Mi señor, le ruego que me perdone"
「主よ、どうか私をお許しください」
"No tuve intención de ofenderte"
「あなたを怒らせるつもりはなかった」
"Recogí una rosa para una de mis hijas"
「娘のためにバラを摘みました」
"Ella me pidió que le trajera una rosa"
「彼女は私にバラを持って来るように頼みました」
-No soy tu señor, pero soy una bestia -respondió el monstruo.
「私はあなたの主ではありませんが、私は獣です」と怪物は答えました

"No me gustan los cumplidos"
「私は褒め言葉が好きではない」
"Me gusta la gente que habla como piensa"
「私は自分の考えをそのまま話す人が好きです」
"No creas que me puedo conmover con halagos"
「私がお世辞に心を動かされるとは思わないで」
"Pero dices que tienes hijas"
「でも、あなたには娘がいるとおっしゃいますね」
"Te perdonaré con una condición"
「一つの条件で許してあげるよ」
"Una de tus hijas debe venir voluntariamente a mi palacio"
「あなたの娘の一人が私の宮殿に喜んで来なければなりません」
"y ella debe sufrir por ti"
「そして彼女はあなたのために苦しまなければならない」
"Déjame tener tu palabra"
「あなたの言葉を聞いてください」
"Y luego podrás continuar con tus asuntos"
「それから、自分の仕事に取り掛かってください」
"Prométeme esto:"
「私にこれを約束してください」
"Si tu hija se niega a morir por ti, deberás regresar dentro de tres meses"
「もしあなたの娘があなたのために死ぬことを拒否するなら、あなたは3ヶ月以内に帰って来なければなりません」
El comerciante no tenía intenciones de sacrificar a sus hijas.
商人は娘たちを犠牲にするつもりはなかった
Pero, como le habían dado tiempo, quiso volver a ver a sus hijas.
しかし、時間ができたので、もう一度娘たちに会いたかったのです
Así que prometió que volvería.
彼は戻ってくると約束した

Y la bestia le dijo que podía partir cuando quisiera.
そして獣は彼に、いつでも出発していいと言った
y la bestia le dijo una cosa más
そして獣はもう一つのことを彼に告げた
"No te irás con las manos vacías"
「空手で出発してはならない」
"Vuelve a la habitación donde yacías"
「横になっていた部屋に戻りなさい」
"Verás un gran cofre del tesoro vacío"
「大きな空の宝箱が見えるでしょう」
"Llena el cofre del tesoro con lo que más te guste"
「宝箱に一番好きなものを詰め込んでください」
"y enviaré el cofre del tesoro a tu casa"
「そして宝箱をあなたの家に送ります」
Y al mismo tiempo la bestia se retiró.
そして同時に獣は退いた
"Bueno", se dijo el buen hombre.
「そうだな」と善良な男は独り言を言った
"Si tengo que morir, al menos dejaré algo a mis hijos"
「もし私が死ななければならないなら、少なくとも子供たちに何かを残すだろう」
Así que regresó al dormitorio.
そこで彼は寝室に戻った
y encontró una gran cantidad de piezas de oro
そして彼はたくさんの金貨を見つけた
Llenó el cofre del tesoro que la bestia había mencionado.
彼は獣が言っていた宝箱を満たした
y sacó su caballo del establo
そして彼は馬小屋から馬を連れ出した
La alegría que sintió al entrar al palacio ahora era igual al dolor que sintió al salir de él.
宮殿に入るときに感じた喜びは、宮殿を出るときに感じた悲しみと同等だった。
El caballo tomó uno de los caminos del bosque.
馬は森の道の一つを進んだ

Y en pocas horas el buen hombre estaba en casa.
そして数時間後、その善良な男は家に帰った
Sus hijos vinieron a él
彼の子供たちが彼のもとに来た
Pero en lugar de recibir sus abrazos con placer, los miró.
しかし、彼は喜んで彼らの抱擁を受け入れる代わりに、彼らを見つめた
Levantó la rama que tenía en sus manos.
彼は手に持っていた枝を持ち上げました
y luego estalló en lágrimas
そして彼は泣き出した
"Belleza", dijo, "por favor toma estas rosas".
「美しい」と彼は言った。「このバラを受け取ってください」
"No puedes saber lo costosas que han sido estas rosas"
「このバラがどれだけ高価だったかは分からないだろう」
"Estas rosas le han costado la vida a tu padre"
「このバラのせいであなたのお父さんは命を落としたのです」
Y luego contó su fatal aventura.
そして彼は致命的な冒険について語った
Inmediatamente las dos hermanas mayores gritaron.
すぐに二人の姉が叫びました
y le dijeron muchas cosas malas a su hermosa hermana
そして彼らは美しい妹に多くの意地悪なことを言った
Pero Bella no lloró en absoluto.
しかし美女は全く泣かなかった
"Mirad el orgullo de ese pequeño desgraciado", dijeron.
「あの小悪魔のプライドを見てみろ」と彼らは言った
"ella no pidió ropa fina"
「彼女は高級な服を求めなかった」
"Ella debería haber hecho lo que hicimos"
「彼女も私たちと同じことをすべきだった」
"ella quería distinguirse"

「彼女は自分を目立たせたかった」
"Así que ahora ella será la muerte de nuestro padre"
「それで今、彼女は私たちの父の死となるでしょう」
"Y aún así no derrama ni una lágrima"
「それでも彼女は涙を流さない」
"¿Por qué debería llorar?" respondió Bella
「なぜ泣かなければならないの？」と美女は答えた
"Llorar sería muy innecesario"
「泣くことは全く無意味だ」
"mi padre no sufrirá por mí"
「父は私のために苦しむことはない」
"El monstruo aceptará a una de sus hijas"
「怪物は娘の一人を受け入れるだろう」
"Me ofreceré a toda su furia"
「私は彼の怒りに身を捧げるつもりだ」
"Estoy muy feliz, porque mi muerte salvará la vida de mi padre"
「私の死が父の命を救うことになるので、私はとても幸せです」
"mi muerte será una prueba de mi amor"
「私の死は私の愛の証拠となるでしょう」
-No, hermana -dijeron sus tres hermanos.
「いいえ、姉さん」と彼女の3人の兄弟は言った。
"Eso no será"
「それはあってはならない」
"Iremos a buscar al monstruo"
「モンスターを探しに行こう」
"y o lo matamos..."
「そして我々は彼を殺すことになるだろう...」
"...o pereceremos en el intento"
「...さもなければ、我々はその試みで滅びるだろう」
"No imaginéis tal cosa, hijos míos", dijo el mercader.
「そんなことは想像しないでくれ、息子たちよ」と商人は言った。
"El poder de la bestia es tan grande que no tengo esperanzas

de que puedas vencerlo"
「獣の力は強大なので、あなたがそれを打ち負かす望みはない」
"Estoy encantado con la amable y generosa oferta de Bella"
「私は美しさの優しく寛大な申し出に魅了されています」
"pero no puedo aceptar su generosidad"
「しかし私は彼女の寛大さを受け入れることはできない」
"Soy viejo y no me queda mucho tiempo de vida"
「私は年老いており、長く生きられない」
"Así que sólo puedo perder unos pocos años"
「だから、失うのは数年だけ」
"Tiempo que lamento por vosotros, mis queridos hijos"
「私の愛しい子供たちよ、あなたたちにとって残念な時間」
"Pero padre", dijo Bella
「でもお父さん」美女は言った
"No irás al palacio sin mí"
「私なしで宮殿へ行ってはいけない」
"No puedes impedir que te siga"
「私があなたを追いかけるのを止めることはできない」
Nada podría convencer a Bella de lo contrario.
そうでなければ美を納得させることはできない
Ella insistió en ir al bello palacio.
彼女は立派な宮殿に行くことを主張した
y sus hermanas estaban encantadas con su insistencia
そして彼女の姉妹たちは彼女の主張に大喜びしました
El comerciante estaba preocupado ante la idea de perder a su hija.
商人は娘を失うかもしれないと心配した
Estaba tan preocupado que se había olvidado del cofre lleno de oro.
彼は心配しすぎて、金が詰まった箱のことを忘れていた。

Por la noche se retiró a descansar y cerró la puerta de su habitación.
夜、彼は休むために部屋のドアを閉めた。
Entonces, para su gran asombro, encontró el tesoro junto a su cama.
そして驚いたことに、彼はベッドサイドに宝物を見つけた。
Estaba decidido a no contárselo a sus hijos.
彼は子供たちに言わないと決心した
Si lo supieran, hubieran querido regresar al pueblo.
もし知っていたら、彼らは町に戻りたかっただろう
y estaba decidido a no abandonar el campo
そして彼は田舎を離れないことを決意した
Pero él confió a Bella el secreto.
しかし彼は美しさに秘密を託した
Ella le informó que dos caballeros habían llegado.
彼女は二人の紳士が来たと彼に伝えた
y le hicieron propuestas a sus hermanas
そして彼らは彼女の姉妹にプロポーズをした
Ella le rogó a su padre que consintiera su matrimonio.
彼女は父親に結婚の同意を懇願した
y ella le pidió que les diera algo de su fortuna
そして彼女は彼に財産の一部を寄付するよう頼んだ
Ella ya los había perdonado.
彼女はすでに彼らを許していた
Las malvadas criaturas se frotaron los ojos con cebollas.
邪悪な生き物たちはタマネギで目をこすった
Para forzar algunas lágrimas cuando se separaron de su hermana.
妹と別れるときに涙を流すために
Pero sus hermanos realmente estaban preocupados.
しかし彼女の兄弟たちは本当に心配していた
Bella fue la única que no derramó ninguna lágrima.
美女だけが涙を流さなかった
Ella no quería aumentar su malestar.
彼女は彼らの不安を増大させたくなかった

El caballo tomó el camino directo al palacio.
馬は宮殿への直行道を進んだ
y hacia la tarde vieron el palacio iluminado
そして夕方になると、彼らは明かりの灯った宮殿を見た
El caballo volvió a entrar solo en el establo.
馬は再び馬小屋に戻った
Y el buen hombre y su hija entraron en el gran salón.
そして善良な男と娘は大広間に入った
Aquí encontraron una mesa espléndidamente servida.
ここで彼らは豪華な料理が並べられたテーブルを見つけた
El comerciante no tenía apetito para comer
商人は食べる気がなかった
Pero Bella se esforzó por parecer alegre.
しかし、美人は明るく見えるよう努めた
Ella se sentó a la mesa y ayudó a su padre.
彼女はテーブルに座り、父親を手伝った
Pero también pensó para sí misma:
しかし、彼女はまたこうも思いました。
"La bestia seguramente quiere engordarme antes de comerme"
「獣はきっと私を食べる前に太らせたいのだろう」
"Por eso ofrece tanto entretenimiento"
「だからこそ彼はこんなにも豊富なエンターテイメントを提供しているのです」
Después de haber comido oyeron un gran ruido.
彼らが食事を終えると大きな音が聞こえた
Y el comerciante se despidió de su desdichado hijo con lágrimas en los ojos.
そして商人は目に涙を浮かべながら、不幸な子供に別れを告げた。
Porque sabía que la bestia venía
獣が来ることを知っていたから
Bella estaba aterrorizada por su horrible forma.
美女は彼の恐ろしい姿に恐怖した

Pero ella tomó coraje lo mejor que pudo.
しかし彼女はできる限りの勇気を出した
Y el monstruo le preguntó si venía voluntariamente.
そして怪物は彼女に、自ら来たのかと尋ねた
-Sí, he venido voluntariamente -dijo temblando.
「はい、喜んで来ました」と彼女は震えながら言った。
La bestia respondió: "Eres muy bueno"
獣は答えた、「あなたはとても良い人だ」
"Y te lo agradezco mucho, hombre honesto"
「そして私はあなたにとても感謝しています。正直者よ」
"Continuad vuestro camino mañana por la mañana"
「明日の朝、行きなさい」
"Pero nunca pienses en venir aquí otra vez"
「しかし、二度とここに来ることは考えない」
"Adiós bella, adiós bestia", respondió.
「さようなら美女、さようなら野獣」と彼は答えた
Y de inmediato el monstruo se retiró.
そしてすぐに怪物は退散した
"Oh, hija", dijo el comerciante.
「ああ、娘さん」と商人は言った
y abrazó a su hija una vez más
そして彼はもう一度娘を抱きしめた
"Estoy casi muerto de miedo"
「死ぬほど怖いです」
"Créeme, será mejor que regreses"
「信じてください、戻った方がいいですよ」
"déjame quedarme aquí, en tu lugar"
「あなたの代わりに、私がここにいさせてください」
―No, padre ―dijo Bella con tono decidido.
「いいえ、お父さん」と美女は毅然とした口調で言った。
"Partirás mañana por la mañana"
「明日の朝出発してください」
"déjame al cuidado y protección de la providencia"

「神の配慮と保護に私を任せてください」
Aún así se fueron a la cama
それでも彼らは寝た
Pensaron que no cerrarían los ojos en toda la noche.
彼らは一晩中目を閉じないだろうと思っていた
pero justo cuando se acostaron se durmieron
しかし彼らは横になるとすぐに眠ってしまった
Bella soñó que una bella dama se acercó y le dijo:
美女は、美しい女性がやって来てこう言う夢を見ました。
"Estoy contento, bella, con tu buena voluntad"
「美しい人よ、あなたの善意に私は満足しています」
"Esta buena acción tuya no quedará sin recompensa"
「あなたのこの善行は報われないことはないだろう」
Bella se despertó y le contó a su padre su sueño.
美女は目を覚まし、父親に夢を話した
El sueño ayudó a consolarlo un poco.
その夢は彼を少し慰めてくれた
Pero no pudo evitar llorar amargamente mientras se marchaba.
しかし彼は去る時に激しく泣かずにはいられなかった
Tan pronto como se fue, Bella se sentó en el gran salón y lloró también.
彼が去るとすぐに、美女も大広間に座り込み、泣きました
Pero ella decidió no sentirse inquieta.
しかし彼女は不安にならないように決心した
Ella decidió ser fuerte por el poco tiempo que le quedaba de vida.
彼女は残されたわずかな人生のために強くなろうと決心した
Porque creía firmemente que la bestia la comería.
彼女は獣が自分を食べると固く信じていたので
Sin embargo, pensó que también podría explorar el palacio.
しかし、彼女は宮殿を探検してみるのもいいかもしれな

いと思った
y ella quería ver el hermoso castillo
そして彼女は美しい城を見たいと思った
Un castillo que no pudo evitar admirar.
彼女が思わず感嘆した城
Era un palacio deliciosamente agradable.
それはとても楽しい宮殿でした
y ella se sorprendió muchísimo al ver una puerta
彼女はドアを見てとても驚きました
Y sobre la puerta estaba escrito que era su habitación.
ドアの上には彼女の部屋と書かれていた
Ella abrió la puerta apresuradamente
彼女は急いでドアを開けた
y ella quedó completamente deslumbrada con la magnificencia de la habitación.
彼女はその部屋の素晴らしさにすっかり魅了されてしまいました
Lo que más le llamó la atención fue una gran biblioteca.
彼女の関心を最も惹きつけたのは大きな図書館だった
Un clavicémbalo y varios libros de música.
ハープシコードと数冊の音楽本
"Bueno", se dijo a sí misma.
「そうね」と彼女は自分に言った
"Veo que la bestia no dejará que mi tiempo cuelgue pesadamente"
「獣は私の時間を重くしてはくれないだろう」
Entonces reflexionó sobre su situación.
そして彼女は自分の状況について考えた
"Si me hubiera quedado un día, todo esto no estaría aquí"
「もし私がここに1日滞在するつもりだったなら、これはすべてここにはなかったでしょう」
Esta consideración le inspiró nuevo coraje.
この考えは彼女に新たな勇気を与えた
y tomó un libro de su nueva biblioteca
そして彼女は新しい図書館から本を取り出しました

y leyó estas palabras en letras doradas:
そして彼女は金色の文字でこれらの言葉を読みました。
"Bienvenida Bella, destierra el miedo"
「美を歓迎し、恐怖を追い払おう」
"Eres reina y señora aquí"
「あなたはここでは女王であり女主人です」
"Di tus deseos, di tu voluntad"
「あなたの願いを語りなさい、あなたの意志を語りなさい」
"Aquí la obediencia rápida cumple tus deseos"
「ここでは素早い服従があなたの願いを満たします」
"¡Ay!", dijo ella con un suspiro.
「ああ」と彼女はため息をつきながら言った。
"Lo que más deseo es ver a mi pobre padre"
「何よりも、私はかわいそうな父に会いたいのです」
"y me gustaría saber qué está haciendo"
「そして彼が何をしているのか知りたいのです」
Tan pronto como dijo esto se dio cuenta del espejo.
彼女がそう言うとすぐに鏡に気づいた
Para su gran asombro, vio su propia casa en el espejo.
彼女は鏡に映った自分の家を見てとても驚いた。
Su padre llegó emocionalmente agotado.
彼女の父親は精神的に疲れ果てて到着した
Sus hermanas fueron a recibirlo
彼女の姉妹は彼に会いに行った
A pesar de sus intentos de parecer tristes, su alegría era visible.
彼らは悲しそうに見せようとしていたが、喜びは目に見えた。
Un momento después todo desapareció
一瞬後、すべてが消えた
Y las aprensiones de Bella también desaparecieron.
そして美に対する不安も消えた
porque sabía que podía confiar en la bestia
彼女は獣を信頼できると知っていた

Al mediodía encontró la cena lista.
正午に彼女は夕食の準備ができていることに気づいた
Ella se sentó a la mesa
彼女はテーブルに座った
y se entretuvo con un concierto de música
そして彼女は音楽コンサートで楽しませられた
Aunque no podía ver a nadie
彼女は誰にも会えなかったが
Por la noche se sentó a cenar otra vez
夜、彼女は再び夕食に着席した
Esta vez escuchó el ruido que hizo la bestia.
今度は獣が立てた音を聞いた
y ella no pudo evitar estar aterrorizada
そして彼女は恐怖を感じずにはいられなかった
"belleza", dijo el monstruo
「美しい」と怪物は言った
"¿Me permites comer contigo?"
「一緒に食事をしてもいいですか？」
"Haz lo que quieras", respondió Bella temblando.
「好きなようにしてください」美女は震えながら答えた
"No", respondió la bestia.
「いいえ」獣は答えた
"Sólo tú eres la señora aquí"
「ここの女主人はあなただけです」
"Puedes despedirme si soy problemático"
「面倒なら追い払ってもいいよ」
"Despídeme y me retiraré inmediatamente"
「私を追い払ってください。そうすればすぐに撤退します」
-Pero dime, ¿no te parece que soy muy fea?
「でも、教えてください。あなたは私がとても醜いとは思いませんか？」
"Eso es verdad", dijo Bella.
「それは本当よ」と美女は言った
"No puedo decir una mentira"

「嘘はつけない」
"Pero creo que tienes muy buen carácter"
「でも、あなたはとても優しい人だと思います」
"Sí, lo soy", dijo el monstruo.
「確かにそうだ」と怪物は言った
"Pero aparte de mi fealdad, tampoco tengo sentido"
「しかし、私の醜さは別として、私には分別がないのです」
"Sé muy bien que soy una criatura tonta"
「私は自分が愚かな生き物だということをよく知っています」
—No es ninguna locura pensar así —replicó Bella.
「そう考えるのは愚かなことではありません」と美女は答えた。
"Come entonces, bella", dijo el monstruo.
「じゃあ食べなさいよ、美人さん」と怪物は言った
"Intenta divertirte en tu palacio"
「宮殿で楽しんでみてください」
"Todo aquí es tuyo"
「ここにあるものはすべてあなたのものです」
"Y me sentiría muy incómodo si no fueras feliz"
「あなたが幸せでなかったら、私はとても不安になるでしょう」
-Eres muy servicial -respondió Bella.
「とても親切ですね」と美女は答えた。
"Admito que estoy complacido con su amabilidad"
「あなたの優しさに嬉しく思います」
"Y cuando considero tu bondad, apenas noto tus deformidades"
「あなたの優しさを考えると、あなたの欠点はほとんど気になりません」
"Sí, sí", dijo la bestia, "mi corazón es bueno".
「そうだ、そうだ」と獣は言った。「私の心は良い
"Pero aunque soy bueno, sigo siendo un monstruo"
「しかし、私は善良ではあるが、それでも怪物だ」

"Hay muchos hombres que merecen ese nombre más que tú"
「あなたよりもその名にふさわしい男はたくさんいる」
"Y te prefiero tal como eres"
「そして私は、ありのままのあなたが好きです」
"y te prefiero más que a aquellos que esconden un corazón ingrato"
「そして私は恩知らずの心を隠す人々よりもあなたが好きです」
"Si tuviera algo de sentido común", respondió la bestia.
「もし私に分別があれば」と獣は答えた
"Si tuviera sentido común, te haría un buen cumplido para agradecerte"
「もし私に分別があれば、あなたに感謝するために素晴らしい賛辞を述べるでしょう」
"Pero soy tan aburrida"
「でも私はとても退屈なの」
"Sólo puedo decir que le estoy muy agradecido"
「あなたには大変感謝しているとしか言えません」
Bella comió una cena abundante
美女はボリュームたっぷりの夕食を食べた
y ella casi había superado su miedo al monstruo
そして彼女は怪物に対する恐怖をほぼ克服した
Pero ella quería desmayarse cuando la bestia le hizo la siguiente pregunta.
しかし、獣が次の質問をしたとき、彼女は気を失いそうになった
"Belleza, ¿quieres ser mi esposa?"
「美人さん、私の妻になってくれませんか？」
Ella tardó un tiempo antes de poder responder.
彼女は答えるまでに少し時間がかかった
Porque tenía miedo de hacerlo enojar
彼を怒らせるのが怖かったから
Al final, sin embargo, dijo: "No, bestia".
しかし、ついに彼女は「ダメよ、獣」と言った。
Inmediatamente el pobre monstruo silbó muy espantosamente.

すぐにそのかわいそうな怪物は恐ろしい声をあげた
y todo el palacio hizo eco
そして宮殿全体に響き渡った
Pero Bella pronto se recuperó de su susto.
しかし美女はすぐに恐怖から立ち直った
porque la bestia volvió a hablar con voz triste
獣は再び悲しげな声で話した。
"Entonces adiós, belleza"
「それではさようなら、美人さん」
y sólo se volvía de vez en cuando
そして彼は時々引き返すだけだった
mirarla mientras salía
出かけるときに彼女を見るために
Ahora Bella estaba sola otra vez
今、美は再び一人ぼっちになった
Ella sintió mucha compasión
彼女は大きな同情を感じた
"Ay, es una lástima"
「ああ、それは千の残念だ」
"algo tan bueno no debería ser tan feo"
「こんなに善良なものは、こんなに醜いはずがない」
Bella pasó tres meses muy contenta en palacio.
美女は宮殿で3ヶ月間をとても満足して過ごした
Todas las noches la bestia le hacía una visita.
毎晩、獣は彼女を訪ねた
y hablaron durante la cena
そして夕食中に彼らは話をした
Hablaban con sentido común
彼らは常識を持って話した
Pero no hablaban con lo que la gente llama ingenio.
しかし彼らは、いわゆる機知に富んだ話し方をしなかった
Bella siempre descubre algún carácter valioso en la bestia.
美は常に獣の中に価値ある特徴を発見した
y ella se había acostumbrado a su deformidad

そして彼女は彼の奇形に慣れていた
Ella ya no temía el momento de su visita.
彼女はもう彼の訪問を恐れていなかった
Ahora a menudo miraba su reloj.
彼女は今ではよく時計を見るようになった
y ella no podía esperar a que fueran las nueve en punto
そして彼女は9時になるのを待ちきれなかった
Porque la bestia nunca dejaba de venir a esa hora
獣は必ずその時間にやって来るから
Sólo había una cosa que preocupaba a Bella.
美しさに関することはただ一つだけだった
Todas las noches antes de irse a dormir la bestia le hacía la misma pregunta.
毎晩寝る前に獣は同じ質問をした
El monstruo le preguntó si sería su esposa.
怪物は彼女に妻になってくれるかと尋ねた
Un día ella le dijo: "bestia, me pones muy nerviosa"
ある日彼女は彼に言いました。「獣よ、あなたは私をとても不安にさせるわ」
"Me gustaría poder consentir en casarme contigo"
「あなたと結婚することに同意できればいいのですが」
"Pero soy demasiado sincero para hacerte creer que me casaría contigo"
「でも、私はあなたと結婚するなんて信じさせるほど誠実ではない」
"nuestro matrimonio nunca se realizará"
「私たちの結婚は決して実現しないだろう」
"Siempre te veré como un amigo"
「私はいつもあなたを友達として見ています」
"Por favor, trate de estar satisfecho con esto"
「これで満足してみてください」
"Debo estar satisfecho con esto", dijo la bestia.
「これで満足しなくちゃ」と獣は言った
"Conozco mi propia desgracia"
「私は自分の不幸を知っている」

"pero te amo con el más tierno cariño"
「でも私はあなたを心から愛しています」
"Sin embargo, debo considerarme feliz"
「しかし、私は自分自身を幸せだと考えるべきだ」
"Y me alegraría que te quedaras aquí"
「そしてあなたがここにいてくれることを私は嬉しく思います」
"Prométeme que nunca me dejarás"
「私を決して見捨てないと約束してください」
Bella se sonrojó ante estas palabras.
美女はこの言葉を聞いて顔を赤らめた
Un día Bella se estaba mirando en el espejo.
ある日、美女は鏡を見ていた
Su padre se había preocupado muchísimo por ella.
彼女の父親は彼女のことを心配していた
Ella anhelaba verlo de nuevo más que nunca.
彼女は今まで以上に彼にもう一度会いたいと願っていた
"Podría prometerte que nunca te abandonaré por completo"
「あなたを完全に見捨てることはないと約束できます」
"Pero tengo un deseo tan grande de ver a mi padre"
「でも、私は父に会いたいと強く願っているんです」
"Me molestaría muchísimo si dijeras que no"
「もしあなたがノーと言ったら、私はとんでもなく怒るでしょう」
"Preferiría morir yo mismo", dijo el monstruo.
「私は死んだほうがましだ」と怪物は言った
"Prefiero morir antes que hacerte sentir incómodo"
「不安を感じさせるくらいなら死んだほうがましだ」
"Te enviaré con tu padre"
「私はあなたをあなたの父のところへ送ります」
"permanecerás con él"
「あなたは彼と一緒にいなさい」
"y esta desafortunada bestia morirá de pena en su lugar"
「そしてこの不幸な獣は悲しみのうちに死ぬだろう」
"No", dijo Bella, llorando.

「いいえ」美女は泣きながら言った
"Te amo demasiado para ser la causa de tu muerte"
「私はあなたを愛しすぎていて、あなたの死の原因にはなり得ない」
"Te doy mi promesa de regresar en una semana"
「一週間以内に戻ってくると約束します」
"Me has demostrado que mis hermanas están casadas"
「あなたは私の姉妹が結婚していることを教えてくれました」
"y mis hermanos se han ido al ejército"
「そして私の兄弟は軍隊に行きました」
"déjame quedarme una semana con mi padre, ya que está solo"
「父は独り身なので、一週間父のところに泊まらせてください」
"Estarás allí mañana por la mañana", dijo la bestia.
「明日の朝にはそこにいるだろう」と獣は言った
"pero recuerda tu promesa"
「でも約束を忘れないで」
"Solo tienes que dejar tu anillo sobre una mesa antes de irte a dormir"
「寝る前に指輪をテーブルの上に置くだけでいい」
"Y luego serás traído de regreso antes de la mañana"
「そして朝までには連れ戻されるでしょう」
"Adiós querida belleza", suspiró la bestia.
「さようなら、愛しい人よ」と獣はため息をついた。
Bella se fue a la cama muy triste esa noche.
美女はその夜とても悲しそうに眠りについた
Porque no quería ver a la bestia tan preocupada.
獣が心配しているのを見たくなかったから
A la mañana siguiente se encontró en la casa de su padre.
翌朝、彼女は父親の家にいることに気づいた
Ella hizo sonar una campanita junto a su cama.
彼女はベッドサイドの小さなベルを鳴らした
y la criada dio un grito fuerte

メイドは大きな悲鳴をあげた
y su padre corrió escaleras arriba
そして彼女の父親は階段を駆け上がった
Él pensó que iba a morir de alegría.
彼は喜びのうちに死ぬだろうと思った
La sostuvo en sus brazos durante un cuarto de hora.
彼は15分間彼女を抱きしめた
Finalmente los primeros saludos terminaron.
結局最初の挨拶は終わった
Bella empezó a pensar en levantarse de la cama.
美女はベッドから起き上がることを考え始めた
pero se dio cuenta de que no había traído ropa
しかし彼女は服を持ってこなかったことに気づいた
pero la criada le dijo que había encontrado una caja
しかしメイドは箱を見つけたと彼女に言った
El gran baúl estaba lleno de vestidos y batas.
大きなトランクはガウンやドレスでいっぱいだった
Cada vestido estaba cubierto de oro y diamantes.
それぞれのドレスは金とダイヤモンドで覆われていた
Bella agradeció a la Bestia por su amable atención.
美女は野獣の優しい気遣いに感謝した。
y tomó uno de los vestidos más sencillos
そして彼女は最もシンプルなドレスの一つを選んだ
Ella tenía la intención de regalar los otros vestidos a sus hermanas.
彼女は他のドレスを姉妹にあげるつもりだった
Pero ante ese pensamiento el arcón de ropa desapareció.
しかしその考えに、衣服の入った箱は消えた
La bestia había insistido en que la ropa era solo para ella.
獣は服は自分だけのものだと主張した
Su padre le dijo que ese era el caso.
彼女の父親は彼女にこう言った
Y enseguida volvió el baúl de la ropa.
するとすぐに衣服の入ったトランクが戻ってきました
Bella se vistió con su ropa nueva

美女は新しい服を着た
Y mientras tanto las doncellas fueron a buscar a sus hermanas.
そしてその間にメイドたちは彼女の姉妹を探しに行った
Ambas hermanas estaban con sus maridos.
彼女の姉妹は二人とも夫と一緒にいた
Pero sus dos hermanas estaban muy infelices.
しかし、彼女の姉妹は二人ともとても不幸でした
Su hermana mayor se había casado con un caballero muy guapo.
彼女の姉はとてもハンサムな紳士と結婚した
Pero estaba tan enamorado de sí mismo que descuidó a su esposa.
しかし彼は自分自身を愛しすぎて妻を無視した
Su segunda hermana se había casado con un hombre ingenioso.
彼女の二番目の姉は気の利いた男と結婚した
Pero usó su ingenio para atormentar a la gente.
しかし彼はその機知を人々を苦しめるために使った
Y atormentaba a su esposa sobre todo.
そして彼は妻を最も苦しめた
Las hermanas de Bella la vieron vestida como una princesa
美女の姉妹は彼女が王女のような服を着ているのを見た
y se enfermaron de envidia
そして彼らは嫉妬に苛まれていた
Ahora estaba más bella que nunca
彼女は今、かつてないほど美しくなった
Su comportamiento cariñoso no pudo sofocar sus celos.
彼女の愛情深い態度は彼らの嫉妬を抑えることができなかった
Ella les contó lo feliz que estaba con la bestia.
彼女は獣と一緒にいるのがどんなに幸せか彼らに話した
y sus celos estaban a punto de estallar
そして彼らの嫉妬は爆発寸前だった
Bajaron al jardín a llorar su desgracia.
彼らは庭に降りて、自分たちの不幸を嘆きました

"¿En qué sentido esta pequeña criatura es mejor que nosotros?"
「この小さな生き物は、どんな点で私たちより優れているのでしょうか？」
"¿Por qué debería estar mucho más feliz?"
「なぜ彼女はそんなに幸せになるべきなの？」
"Hermana", dijo la hermana mayor.
「姉さん」と姉は言った
"Un pensamiento acaba de golpear mi mente"
「ある考えが頭に浮かんだ」
"Intentemos mantenerla aquí más de una semana"
「彼女を1週間以上ここに留めておくように努力しましょう」
"Quizás esto enfurezca al tonto monstruo"
「おそらくこれは愚かな怪物を激怒させるだろう」
"porque ella hubiera faltado a su palabra"
「彼女は約束を破っただろうから」
"y entonces podría devorarla"
「そして彼は彼女を食い尽くすかもしれない」
"Esa es una gran idea", respondió la otra hermana.
「それは素晴らしい考えよ」ともう一人の姉妹は答えた。
"Debemos mostrarle la mayor amabilidad posible"
「私たちは彼女にできる限りの優しさを示さなければなりません」
Las hermanas tomaron esta resolución
姉妹はこれを決意した
y se comportaron con mucho cariño con su hermana
そして彼らは妹に対してとても愛情深く振る舞った
La pobre belleza lloró de alegría por toda su bondad.
貧しい美女は彼らの優しさに喜びの涙を流した
Cuando la semana se cumplió, lloraron y se arrancaron el pelo.
1週間が過ぎると、彼らは泣きながら髪の毛をむしり取った。

Parecían muy apenados por separarse de ella.
彼らは彼女と別れるのがとても残念に思えた
y Bella prometió quedarse una semana más
そして美しさは1週間長く続くと約束した
Mientras tanto, Bella no pudo evitar reflexionar sobre sí misma.
その間、美は自分自身を反省せずにはいられなかった
Ella se preocupaba por lo que le estaba haciendo a la pobre bestia.
彼女はかわいそうな獣に何をしているのか心配した
Ella sabía que lo amaba sinceramente.
彼女は心から彼を愛していたことを知っている
Y ella realmente anhelaba verlo otra vez.
そして彼女は本当に彼にもう一度会いたかった
La décima noche también la pasó en casa de su padre.
10日目の夜も彼女は父親の家で過ごした
Ella soñó que estaba en el jardín del palacio.
彼女は宮殿の庭にいる夢を見た
y soñó que veía a la bestia extendida sobre la hierba
そして彼女は夢の中で獣が草の上に伸びているのを見た
Parecía reprocharle con voz moribunda
彼は死にそうな声で彼女を非難しているようだった
y la acusó de ingratitud
そして彼は彼女の恩知らずを非難した
Bella se despertó de su sueño.
美女は眠りから目覚めた
y ella estalló en lágrimas
そして彼女は泣き出した
"¿No soy muy malvado?"
「私はそんなに邪悪な人間ではないでしょうか？」
"¿No fue cruel de mi parte actuar tan cruelmente con la bestia?"
「私が獣に対してこんなにも無慈悲な行為をしたのは残酷ではなかったでしょうか？」
"La bestia hizo todo lo posible para complacerme"
「獣は私を喜ばせるためにあらゆることをした」

-¿Es culpa suya que sea tan feo?
「彼がこんなに醜いのは彼のせいですか？」
¿Es culpa suya que tenga tan poco ingenio?
「彼がそんなに知恵がないのは彼のせいですか？」
"Él es amable y bueno, y eso es suficiente"
「彼は優しくて良い人です。それで十分です」
"¿Por qué me negué a casarme con él?"
「なぜ私は彼との結婚を拒否したのか？」
"Debería estar feliz con el monstruo"
「モンスターに満足するべきだ」
"Mira los maridos de mis hermanas"
「私の姉妹の夫たちを見てください」
"ni el ingenio ni la belleza los hacen buenos"
「機知に富んでいるとか、ハンサムであるとかいうことは、彼らを善良にするわけではない」
"Ninguno de sus maridos las hace felices"
「どちらの夫も彼女たちを幸せにしてくれない」
"pero virtud, dulzura de carácter y paciencia"
「しかし、美徳、優しい気質、そして忍耐」
"Estas cosas hacen feliz a una mujer"
「これらは女性を幸せにする」
"y la bestia tiene todas estas valiosas cualidades"
「そしてその獣はこれらすべての価値ある性質を持っている」
"Es cierto; no siento la ternura del afecto por él"
「それは本当です。私は彼に対して愛情の優しさを感じません」
"Pero encuentro que tengo la más alta gratitud por él"
「しかし、私は彼に最大の感謝の気持ちを抱いています」
"y tengo por él la más alta estima"
「そして私は彼を最も尊敬しています」
"y él es mi mejor amigo"
「そして彼は私の親友です」
"No lo haré miserable"

「彼を不幸にはさせない」
"Si fuera tan desagradecido nunca me lo perdonaría"
「もし私がそんなに恩知らずだったら、私は自分自身を決して許さないだろう」
Bella puso su anillo sobre la mesa.
美女は指輪をテーブルの上に置いた
y ella se fue a la cama otra vez
そして彼女はまたベッドに横になった
Apenas estaba en la cama cuando se quedó dormida.
彼女はベッドに入るとすぐに眠りに落ちた
Ella se despertó de nuevo a la mañana siguiente.
彼女は翌朝また目覚めた
Y ella estaba muy contenta de encontrarse en el palacio de la bestia.
そして彼女は自分が野獣の宮殿にいることに大喜びしました
Ella se puso uno de sus vestidos más bonitos para complacerlo.
彼女は彼を喜ばせるために最も素敵なドレスを着た
y ella esperó pacientemente la tarde
そして彼女は辛抱強く夕方を待った
llegó la hora deseada
ついに待ち望んだ時が来た
El reloj dio las nueve, pero ninguna bestia apareció
時計は9時を打ったが、獣は現れなかった
Bella entonces temió haber sido la causa de su muerte.
美女は自分が彼の死の原因ではないかと恐れた
Ella corrió llorando por todo el palacio.
彼女は泣きながら宮殿中を走り回った
Después de haberlo buscado por todas partes, recordó su sueño.
彼をあちこち探し回った後、彼女は夢を思い出した
y ella corrió hacia el canal en el jardín
そして彼女は庭の運河まで走って行きました
Allí encontró a la pobre bestia tendida.

そこで彼女は哀れな獣が横たわっているのを見つけた
y estaba segura de que lo había matado
そして彼女は彼を殺したと確信した
Ella se arrojó sobre él sin ningún temor.
彼女は何の恐れもなく彼に飛びかかった
Su corazón todavía latía
彼の心臓はまだ動いていた
Ella fue a buscar un poco de agua al canal.
彼女は運河から水を汲んだ
y derramó el agua sobre su cabeza
そして彼女は彼の頭に水を注ぎました
La bestia abrió los ojos y le habló a Bella.
野獣は目を開けて美女に話しかけた
"Olvidaste tu promesa"
「約束を忘れた」
"Me rompió el corazón haberte perdido"
「あなたを失ったことはとても悲しかった」
"Resolví morirme de hambre"
「私は飢え死にしようと決心した」
"pero tengo la felicidad de verte una vez más"
「でも、もう一度あなたに会えて幸せです」
"Así tengo el placer de morir satisfecho"
「だから私は満足して死ぬ喜びを得る」
"No, querida bestia", dijo Bella, "no debes morir".
「いいえ、愛しい獣よ」美女は言った。「あなたは死んではいけないわ」
"Vive para ser mi marido"
「私の夫になるために生きてください」
"Desde este momento te doy mi mano"
「この瞬間から私はあなたに手を差し伸べます」
"Y juro no ser nadie más que tuyo"
「そして私はあなたのものになることを誓います」
"¡Ay! Creí que sólo tenía una amistad para ti"
「ああ!私はあなたとただの友情でいたいと思っていた」

"Pero el dolor que ahora siento me convence;"
「しかし、今私が感じている悲しみが私を納得させます。」

"No puedo vivir sin ti"
「あなたなしでは生きていけない」

Bella apenas había dicho estas palabras cuando vio una luz.
美女が光を見たとき、彼女はこれらの言葉を言った

El palacio brillaba con luz
宮殿は光で輝いていた

Los fuegos artificiales iluminaron el cielo
花火が空を照らした

y el aire se llenó de música
空気は音楽で満たされた

Todo daba aviso de algún gran acontecimiento
すべてが大きな出来事を予告していた

Pero nada podía captar su atención.
しかし、彼女の注意を引くものは何もなかった

Ella se volvió hacia su querida bestia.
彼女は愛する獣に目を向けた

La bestia por la que ella temblaba de miedo
彼女が恐怖に震えた獣

¡Pero su sorpresa fue grande por lo que vio!
しかし、彼女は見たものにとても驚きました！

La bestia había desaparecido
獣は姿を消した

En cambio, vio al príncipe más encantador.
代わりに彼女は最も美しい王子様を見た

Ella había puesto fin al hechizo.
彼女は呪いを解いた

Un hechizo bajo el cual se parecía a una bestia.
彼を獣のような姿にした呪文

Este príncipe era digno de toda su atención.
この王子は彼女の注目に値する人物だった

Pero no pudo evitar preguntar dónde estaba la bestia.
しかし彼女は獣がどこにいるのか尋ねずにはいられなか

った
"Lo ves a tus pies", dijo el príncipe.
「あなたの足元に彼がいるのが見えますよ」と王子は言った
"Un hada malvada me había condenado"
「邪悪な妖精が私を非難した」
"Debía permanecer en esa forma hasta que una hermosa princesa aceptara casarse conmigo"
「美しい王女が私と結婚するまで、私はその姿のままでいなければならなかった」
"El hada ocultó mi entendimiento"
「妖精は私の理解を隠した」
"Fuiste el único lo suficientemente generoso como para quedar encantado con la bondad de mi temperamento"
「私の気質の良さに魅了されるほど寛大な人はあなただけだった」
Bella quedó felizmente sorprendida
美人は嬉しい驚きを感じた
Y le dio la mano al príncipe encantador.
そして彼女は魅力的な王子に手を差し出した
Entraron juntos al castillo
彼らは一緒に城に入った
Y Bella se alegró mucho al encontrar a su padre en el castillo.
美女は城で父親を見つけて大喜びしました
y toda su familia estaba allí también
彼女の家族全員もそこにいた
Incluso Bella dama que apareció en su sueño estaba allí.
夢に現れた美しい女性もそこにいた
"Belleza", dijo la dama del sueño.
「美しい」と夢の中の女性は言った
"ven y recibe tu recompensa"
「来て報酬を受け取ってください」
"Has preferido la virtud al ingenio o la apariencia"
「あなたは知恵や容姿よりも美徳を優先した」
"Y tú mereces a alguien en quien se unan estas cualidades"

「そしてあなたは、これらの資質を兼ね備えた人に値するのです」
"vas a ser una gran reina"
「あなたは偉大な女王になるでしょう」
"Espero que el trono no disminuya vuestra virtud"
「王位があなたの徳を損なわないことを願います」
Entonces el hada se volvió hacia las dos hermanas.
それから妖精は二人の姉妹のほうを向いた
"He visto dentro de vuestros corazones"
「私はあなたたちの心の中を見ました」
"Y sé toda la malicia que contienen vuestros corazones"
「そして私はあなたの心にある悪意をすべて知っています」
"Ustedes dos se convertirán en estatuas"
「あなたたち二人は彫像になるだろう」
"pero mantendréis vuestras mentes"
「しかし、あなたは心を留めるでしょう」
"estarás a las puertas del palacio de tu hermana"
「あなたは妹の宮殿の門に立つでしょう」
"La felicidad de tu hermana será tu castigo"
「妹の幸せがあなたの罰となる」
"No podréis volver a vuestros antiguos estados"
「以前の状態には戻れないだろう」
"A menos que ambos admitan sus errores"
「ただし、二人とも自分の過ちを認めない限りは」
"Pero preveo que siempre permaneceréis como estatuas"
「しかし、私はあなたがいつまでも彫像のままであると予見しています」
"El orgullo, la ira, la gula y la ociosidad a veces se vencen"
「プライド、怒り、貪欲、怠惰は、時には克服される」
" pero la conversión de las mentes envidiosas y maliciosas son milagros"
「しかし、嫉妬と悪意に満ちた心の改心は奇跡である」
Inmediatamente el hada dio un golpe con su varita.
すぐに妖精は杖で一撃を与えた

Y en un momento todos los que estaban en el salón fueron transportados.
そして一瞬のうちにホールにいた全員が
Habían entrado en los dominios del príncipe.
彼らは王子の領土に入っていた
Los súbditos del príncipe lo recibieron con alegría.
王子の臣下たちは喜んで彼を迎えた
El sacerdote casó a Bella y la bestia
司祭は美女と野獣と結婚した
y vivió con ella muchos años
そして彼は彼女と何年も一緒に暮らした
y su felicidad era completa
そして彼らの幸福は完璧だった
porque su felicidad estaba fundada en la virtud
彼らの幸福は徳に基づいていたから

El fin
終わり

www.tranzlaty.com

www.ingramcontent.com/pod-product-compliance
Lightning Source LLC
Chambersburg PA
CBHW011553070526
44585CB00023B/2586